Welt im Strafvollzug • Frank-Rüdiger Halt

FRANK-RÜDIGER HALT

WELT IM STRAFVOLLZUG

DAS KLEINE ABC DES TOTALITARISMUS

EDITION AVRA

Bibliografische Information der Deutschen Nationalbibliothek
Die Deutsche Nationalbibliothek verzeichnet diese Publikation in der Deutschen Nationalbibliografie; detaillierte bibliografische Daten sind im Internet über http://dnb.d-nb.de abrufbar.

Rheinstraße 46, 12161 Berlin
Telefon: 0 30 / 76 69 99-0
www.frieling.de
ISBN (Print): 978-3-8280-3584-3
1. Auflage 2020
Bildquelle: pixabay

Printed in Germany

Dem Gründer von Querdenken 711,
Michael Ballweg gewidmet.

Sein Motto auf über hundert Querdenken-Initiativen:

„Frieden, Freiheit, Selbstbestimmung, Wahrheit, Liebe"

Ein bisher nur in Teilen verwirklichtes und darum noch immer notwendiges Zukunftsprogramm. Vor allem heute, wo nicht Frieden herrscht, sondern Krieg, nicht Liebe, sondern Hass, nicht Freiheit, sondern Freiheitsberaubung, nicht Wahrheit, sondern Krieg gegen die Wahrheit, nicht Selbstbestimmung, sondern weltweite Unterdrückung.

Inhalt

Vorwort

Degussa-CEO Dr. Markus Krall spricht in der gegenwärtigen Krise von *der Entscheidung zwischen Freiheit und Sozialismus.*
Ist es das? Die große Herausforderung, das entscheidende aktuelle Thema? Ist also die „Covid-19-Pandemie" ein Nebenkriegsschauplatz?

Bei Sozialismus habe ich als DDR-Flüchtling Bedenken:
Die Aufstände in der DDR, CSSR und Ungarn haben den politischen Betrug vom sozialistischen Arbeiter- und Bauernparadies für alle sichtbar gemacht. Die DDR, am Ende bankrott und mit circa 1000 Mauertoten, Kinder eingeschlossen, und Hunderttausenden politischen Gefangenen. Der SPD-Politiker Kurt Schumacher sprach vom rotlackierten Faschismus. Wenigstens einer hat es ausgesprochen.

Man kann sich von Begriffen leicht täuschen lassen, wenn man von der Realität nicht betroffen ist. Kann man Wörtern trauen, die man nicht selbst gebildet und kritisch überprüft hat? Bildung beginnt mit der Begriffsbildung.
Wir werden aktuell mit Begriffen bombardiert, die weniger mit Kommunikation und Klarheit, als mit politischer Bearbeitung und Denunziation zu tun haben. Neue Normalität, Neue Weltordnung, Große Transformation, Pandemie, Killervirus, rechts, links, Faschisten, Rassisten, Leugner, Ver-

schwörungstheoretiker, Antisemiten ...Weltweit! Mit der Verfolgung Andersdenkender und der staatlichen Anwerbung von Spitzeln zeigt die regierende Welt 2020 ihr hässlichstes Gesicht! Die Folgen der Stich- und Schlagworte aus Politik und Medien: Spaltung, Angst, Schock, Hass, Verfolgung, Arbeitsverlust und teilweise bürgerkriegsartige Zustände auf den Straßen der Welt im Rahmen von – vor Jahren noch nicht für denkbar gehaltenen – Freiheitsbeschränkungen.

Mit dieser Streitschrift will ich dazu beitragen, Hass und Angst durch Aufklärung abzubauen.

Neue Normalität

Ist es das? Es fühlt sich an wie Strafvollzug mit Lockerungen und Verschärfungen: Maskenzwang, Distanzzwang, Zwangstestungen, Zwangsquarantäne, Zwangsimpfung, Datenerfassung, Kontakterfassung und -verfolgung, Ausgangssperren, Reisebeschränkungen, Trennscheiben, Gitterabsperrungen, Bodenmarkierungen. In Ämtern, Hotels, Theatern, Läden, Kindergärten, Schulen, Hochschulen... Geburten, Hochzeiten und Todesfälle nur im kleinsten Kreis, Besuchsverbote in Altenheimen und Krankenhäusern, Universitäten im Notbetrieb, Schulen auf Sparflamme und online. Firmen im Insolvenzfieber, Kultur abgestellt. Keine Großveranstaltungen, Tanzen und Singen verboten. Kirchen und Krankenhäuser wie verwaist, Praxen ausgedünnt. Das gesamte Leben wie tot.

Tote und Verletzte inzwischen vermehrt durch Masken, abgewiesene Operationen, Selbstmorde, Fehlbehandlungen. Dazu eine Pandemie von Depressionen, Psychosen, Traumata und klinisch nicht diagnosefähiger PCR-Tests.

Ein apokalyptisches Bild: Überall Atem beraubte, maskierte Kinder, Jugendliche, Gebrechliche! Viele kollabierten, laut Notärzten, unter der Maske.

Die Regierungsmaßnahmen erfolgen mit Bundeswehrunterstützung. Im Fall der gemeldeten *Infektionen* (präzise: positiv getesteter) in einem Schlachthof im nordrhein-westfälischen Rheda-Wiedenbrück kontrollierten Bundeswehrsoldaten gemeinsam mit dem örtlichen Ordnungsamt Wohnungen von Schlachthof-Mitarbeitern innerhalb einer Quarantäne-Zone, wie berichtet wurde.

All das scheint weltweit zu passieren wie im Gleichschritt und mit der Präzision einer globalen orchestrierten Militäroperation. Ein General im Gesundheitsministerium unterstreicht die Vermutung.

Ist die Welt im Strafvollzug?

Gründe oder Abgründe?

DDR-Minister für Staatssicherheit **Erich Miehlke**: *Genossen: Unsere Macht ist die Angst der Massen.*

Big Pharma, Standardmedien und Politik sprachen unisono vom *Killervirus*, von Millionen von Toten, vom langen Krieg gegen das Virus, von einer nicht endenden Covid-19-Pandemie ohne einen Impfstoff, läuteten pausenlos die Alarmglocken, schürten Panik und Schock, förderten Visionen von Pest und Spanischer Grippe... und fahren bis heute das gesamte Leben herunter wegen einer *Pandemie von nationaler Tragweite.*

Denkwürdigerweise gibt es dazu ein offizielles Schriftstück: das BMI-Strategiepapier als Verschlusssache[1]

Zitatauszüge:
4. Schlussfolgerungen für Maßnahmen und offene Kommunikation
4 a. Worst Case verdeutlichen!
... Um die gewünschte Schockwirkung zu erzielen, müssen die konkreten Auswirkungen einer Durchseuchung auf die menschliche Gesellschaft verdeutlicht werden:

---

[1] (https://www.bmi.bund.de/SharedDocs/downloads/DE/veroeffentlichungen/2020/corona/szenarienpapier-covid-19.pdf?__blob=publicationFile&v=4).

1. Viele Schwerkranke werden von ihren Angehörigen ins Krankenhaus gebracht aber abgewiesen und sterben qualvoll um Luft ringend zu Hause. Das Ersticken oder nicht genug Luft kriegen ist für jeden Menschen eine Urangst. Ebenso die Situation, in der man nichts tun kann, um in Lebensgefahr schwebenden Angehörigen zu helfen. Die Bilder aus Italien sind verstörend.
2. "Kinder werden kaum unter der Epidemie leiden": Falsch. Kinder werden sich leicht anstecken, selbst bei Ausgangsbeschränkungen, zum Beispiel bei den Nachbarskindern. Wenn sie dann ihre Eltern anstecken und einer davon qualvoll zu Hause stirbt und sie das Gefühl haben, Schuld daran zu sein, weil sie zum Beispiel vergessen haben, sich nach dem Spielen die Hände zu waschen, ist es das Schrecklichste, was ein Kind je erleben kann …

Unglaublich, aber wahr. Übrigens kursiert auch in Österreich ein entsprechendes Panikpapier.

Man kann sich fragen:
Fällt die künstliche Erzeugung von Regierungspanik nicht unter das Strafgesetz für „Volksverhetzung"?
Würde ein geistig gesunder und verantwortlicher Mensch in einer sehr ernsten Situation (wie zum Beispiel einem Schiffuntergang) Panik schüren statt konzentrierte Ruhe zu bewahren?

Gegenstimmen

Die öffentlich einsehbaren, aber selten publizierten Statistikdaten sprechen eine andere Sprache, lassen Übersterblichkeit oder überfüllte/überforderte Krankenhäuser nicht erkennen, vermitteln Entspannung: Kurzarbeit in Krankenhäusern und bei Totengräbern! Kaum schwere Fälle. Die Daten gleichen auch nach Altersklassen denen der Vorjahre. Nur 2017/2018 hatte die Grippewelle weit mehr Tote als die sogenannten *Corona-Toten* (Laut Robert-Koch-Institut heißt jede irgendwann positiv Getestete und woran auch immer verstorbene Person *Corona-Toter* und jede gesunde und positiv Getestete wird als *Corona-infiziert* bezeichnet. Verzichtet wird auf die Differenzierung zwischen positiv getestet, infiziert, infektiös, krank, behandlungsbedürftig. Die neue Sprach-Normalität?).

Hätte man nicht getestet, hätte man nichts bemerkt, so Dr. Wodarg, einer der bekanntesten, ernstzunehmenden Kritiker der Regierungsmaßnahmen schon seit der Schweinegrippe.

Der Rechtsmediziner Prof. Püschel obduzierte viele sog. Corona-Toten in Hamburg mit dem Ergebnis: alle alt und mit mehreren Vorerkrankungen. Das RKI hatte zuvor die Obduktion abgelehnt.

Ein Beispiel zur Mess-Zuverlässigkeit:
28. Oktober 2020: München – Ein großes bayerisches Labor hat einem Zeitungsbericht zufolge bei Corona-Tests reihenweise falsch positive Ergebnisse hervorgebracht. Das sei bei Nachprüfungen in einem Krankenhaus im oberbayerischen Taufkirchen/Vils aufgefallen, berichtete der „Münchner Merkur" am Mittwoch. Dort hätten sich 58 von 60 positiven Tests als falsch herausgestellt.

Die Geschäftsführerin des Augsburger MVZ-Labors erklärte die Fehler mit der Knappheit an Reagenzien. Das Labor habe wegen des Lieferausfalls eines Herstellers auf ein anderes Nachweismittel zurückgreifen müssen, das offenbar nicht kompatibel gewesen sei.

„Aufgrund des hohen Probenaufkommens und des fehlenden Zubehörs war eine Kontrolle positiver Ergebnisse nicht in allen Fällen zeitnah möglich", zitierte die Zeitung die Geschäftsführerin.

Ärzte sprechen im Zusammenhang mit der Pandemie von *Volksverdummung* (Dr. Rolf Krohn), *Selbsterhaltungsakt der Seuchenindustrie* (Dr. Claus Köhnlein), einem *Fall für den Untersuchungsausschuss* (Dr. Wolfgang Wodarg), von *einer*

Art Grippewelle (US-Professor Johannidis[2]) wie endlos viele ihrer Kollegen weltweit. Sie berichten auch von einem lausigen, völlig ungeeigneten Labor-PCR-Test (zur Pandemiefeststellung), der nicht valide, standardisiert und diagnosefähig ist und mit unterschiedlichen Verstärkungs-Zyklen arbeitet. PCR mit Zyklen über 30 (wie der Drosten-PCR) gelten als unzuverlässig und unbrauchbar.

Die relative Harmlosigkeit sehen auch prominente katholische Bischöfe. Sie warnen, dass unter dem Vorwand der Pandemie Rechte und Freiheiten eingeschränkt würden, verbunden mit systematischer Ausweitung der Überwachung (laut Bildzeitung vom 09. Mai 2020).

Der diesjährige Friedenspreisträger des deutschen Buchhandels, Amartya Sen, spricht von einer *Pandemie antidemokratischer Strömungen.*

---

[2] Zur Person Prof. John Ioannidis: der weltweit meistzitierte Epidemieologe. Sein 2005 in der Fachzeitschrift PLOS Medicine erschienener Essay „Warum die meisten veröffentlichten Forschungsergebnisse falsch sind" wurde 1.000-Fach zitiert und machte Prof. John Ioannidis weltweit bekannt. Um die Qualität biomedizinischer Forschungspraxis zu untersuchen und zu verbessern, gründete der griechisch-amerikanische Gesundheitswissenschaftler bereits vor fünf Jahren das Meta-Research Innovation Center in Stanford (METRICS). Nun kommt Ioannidis an das Berlin Institute of Health (BIH), um eine Dependance des Stanforder Forschungszentrums aufzubauen, das METRIC Berlin.

Eine offizielle und kritische BMI-Analyse, Drucksache 17/12051 Deutscher Bundestag:
Eine aus dem Bundesinnenministerium (BMI) stammende Analyse attestiert den Verantwortlichen schwerwiegende Fehleinschätzungen und Entscheidungen, deren Schäden weitaus größer seien als ihr Nutzen. Der Autor Kohn ist überzeugt, dass die Zahl der Toten und anderer Geschädigter durch die getroffenen Maßnahmen um ein Vielfaches größer ist als die Zahl der potenziell durch das Virus getöteten. Rund zweieinhalb Millionen im März und April verschobene Operationen würden allein zu 5.000 bis 125.000 vorzeitigen Toten führen. Tausende Menschen würden durch unterbrochene Behandlungen sterben. Es drohten zusätzliche Suizide sowie Opfer von häuslicher Gewalt und Missbrauch innerhalb der Familie. Zudem werde der massive Wirtschaftseinbruch in der Summe mehrere Millionen Lebensjahre kosten, weil sich die kommende Wirtschaftskrise negativ auf die Versorgungslage der Menschen auswirken werde... (Der Autor wurde danach versetzt).

Ein außerparlamentarischer Corona-Untersuchungsausschuss ACU analysiert medizinische wie juristische Gesichtspunkte durch Befragungen von internationalen Kapazitäten. Millionen Coronakritiker weltweit füllen wöchentlich demonstrierend die Straßen. Viele Zehntausende allein durch die *Querdenken-Demos* von Michael Ballweg. Daneben existieren Dutzende regierungskritischer Initiativen wie:

Ärzte für Aufklärung,
Juristen für Aufklärung,
Eltern stehen auf...

Great Barrington Declaration:
Hunderttausende Unterschriften weltweit für sofortige Beendigung der verheerenden Regierungsmaßnahmen.

Consiglio Nazionale delle Ricerche = Nationaler Forschungsrat:
Laut Aussagen des CNR kann man davon ausgehen, dass es nicht nur „keine SARS-CoV2-Epidemie in Italien gibt", sondern dass „die Infektion nach den heute verfügbaren epidemiologischen Daten über Zehntausende von Fällen bei 80 bis 90 Prozent nur leichte/moderate Symptome (eine Art Grippe) verursacht". Bei 10 bis 15 Prozent kann sich eine Lungenentzündung entwickeln, die mehrheitlich harmlos verläuft. Es wird geschätzt, dass nur vier Prozent der Patienten eine Behandlung auf der Intensivstation benötigen.

Um Gesundheit scheint es bei den vielfach tyrannisch anmutenden Regierungsmaßnahmen weltweit nicht gehen zu können, denn sie greifen massiv das menschliche Immunsystem an mittels:

Dauerpanik, Angst, Zersetzung persönlicher Bindungen (Distanzzwang), Begrenzung der Bewegungsfreiheit und Lebensfreude, Einschränkung der Atmung durch Maskenzwang.

Um eine Pandemie eher auch nicht, jedenfalls nicht im normalen Sinne (schwerste Krankheitsverläufe und viele Todesfälle), denn eine Pandemie endet und läuft nicht in endlosen Wellen!

Gründliche Aufklärungsliteratur dazu:
Professor Bhakdi (Buch: Corona-Fehlalarm?)
Dr. Köhnlein (Buch: Viruswahn)

Drehbücher

Der immer wiederkehrende Vorwurf einer gezielten Virus-Inszenierung aus dem Umfeld des großen Geldes und Machtgeflechtes erfährt durch diverse „Drehbücher" reichlich Nahrung:

CDC 2004

Seven-Step Recipe for Generating Interest in, and Demand for, Flu (or any other) Vaccination:

Glen Nowak war damals amtierender Direktor für Medienarbeit bei der CDC. Nowak hielt die Präsentation auf dem National Influenza Vaccine Summit im Jahr 2004, der von der CDC und der American Medical Association (AMA) gemeinsam gesponsert wurde. Nowaks Präsentation konzentrierte sich darauf, wie die Medien genutzt werden können, um Angst und Unruhe zu erzeugen, um die Impfung zu fördern und die Impfstoffaufnahme in den USA zu erhöhen. Schritt eins: der Killervirus, Schritt sieben: die Impfung.

18. Mai 2010: Rockefeller

Scenarios for the Future of Technology and International Development:

„Scenarios for the Future of Technology and International Development" (zu deutsch: Szenarien der Zukunft der Technologie und der internationalen Entwicklung) schildert eine Coronavirus-ähnliche Pandemie, die der Auslöser für die Verhängung polizeistaatlicher Kontrollen der Bewegungsfreiheit, der Wirtschaft und anderer gesellschaftlicher Bereiche wird. Das *Lock-Step*-Szenario beschreibt „die Welt einer strengeren Regierungskontrolle von oben nach unten sowie einer autoritäreren Führung mit eingeschränkter Innovation und zunehmendem Widerstand der Bevölkerung".

25. Januar 2012: Dr. Stefan Lanka: Neues Influenza-Supervirus??

EU-Comic INFECTED vom 31. Januar 2012: EU warnte in dem Science-Fiction-Comic schon 2012 vor einer Horror-Pandemie.

2012 Deutscher Bundestag 17. Wahlperiode – 55 – Drucksache 17/12051, 10. Dezember 2012: Risikoanalyse Bevölkerungsschutz Bund Pandemie durch Virus „Modi-SARS".

20. Mai 2016: United Nations: ID2020.

11. Januar 2017, USA: Fauci prophezeit überraschenden Virusausbruch während Trumps Amtszeit.

September 2019: Global Preparedness Monitoring Board (GPMB).

18. Oktober 2019: Event 201: Coronavirus-Pandemie-Übung: die Simulation einer Pandemie, die von der Johns-Hopkins-Universität, dem World Economic Forum, der Melinda & Bill Gates-Stiftung, Johnson & Johnson und anderen Schwergewichten der Herrscherklasse im Oktober 2019 durchgeführt wurde.

Vergangenheitslehren

Schon der Blick in die oft lehrreiche (wenn nicht manipulierte) Vergangenheit (Vogelgrippe, Schweinegrippe...) hätte Klarheit schaffen können: Die politisch-mediale Angstpropaganda hatte schon damals keine wissenschaftliche Basis. Siehe Arte/NDR Film: *Wer profitiert von der Angst.* Mit den üblichen Verdächtigen: WHO, RKI, Drosten und ihre kritischen Gegendarsteller (Bhakdi, Wodarg) und allerlei Merkwürdigkeiten (Schweinegrippe: andere Impfstoffe für Politiker, Geheimverträge mit Impfstoffherstellern, EU-Untersuchungsausschuss, veränderter Pandemiebegriff).

Das Rezept für eine jederzeit ausrufbare Pandemie könnte so gelautet haben:
Man kreiere einen Pandemiebegriff ohne Rücksicht auf die Zahl der Toten oder die schweren Verläufe im Sinne einer Dauerwelle, deren Ende frei gewählt werden kann. Als Pandemie-Tote definiere man alle, die irgendwann positiv getestet wurden, egal mit welchen Vorerkrankungen. Als Höhepunkt wähle man einen grausigen Namen für die Schockreaktion: Killervirus. Dazu ein nicht diagnosefähiger, nicht valider, nicht normierter Test (in Hunderten Varianten wie beim aktuellen PCR-Test), mit nicht definierter Zyklenzahl als (ob-) Beweis für infektiöse Ausbreitung.

Man erinnert sich vielleicht an alte Herrschaftsprinzipien wie:

teile und herrsche

halte die Völker in Angst und Schrecken

halt Du sie dumm, ich halt sie arm…

schaffe ein Problem – beobachte die Reaktion – biete Lösung an

Im aktuellen Beispiel:
Man schaffe ein künstliches Problem (Terror, CO_2/Klima, Viren), warte auf die künstlich geschürte (Schockstrategie) Reaktion und biete die herbeigebetete Lösung an (bei Viren zum Beispiel die gen-basierte Sechsmilliarden-Impfung durch die Gates-Stiftung) verbunden mit einer schlagkräftigen Notstandsregierung unter Kriegsrecht. Schließlich ist man ja im Krieg.

Weitere sehr gründliche Infos zum PCR-Test:
Über die Zahlen des RKI PCR-Tests mit Professor Dr. Dr. Martin Haditsch:
https://www.youtube.com/watch?v=blcESfa0V1w
und Professor Dr. Dr. Martin Haditsch: Wie gefährlich ist Covid-19?:
https://www.youtube.com/watch?v=_sWnrAQaTc0

Ziele?

Neue Normalität und *Große Transformation* unter dem Vorwand der Gesundheit? Geht es um die Neu-Ordnung aus dem Chaos (vom *kreativen Chaos* spricht Strauß) in die digitale, transhumane NWO eines Orwell oder Huxley? Dann ergäbe der „Wahnsinn" wenigstens einen Sinn! Was ist *die Neue Weltordnung*, die schon im Koalitionsvertrag steht? Ein totaler Weltkrieg gegen die gesamte Menschheit, jeden einzelnen, denn jeder ist ein potenzieller *Terrorist*, eine sichere *CO^2- und Virenschleuder*, also Kriegsziel?

Einer sprach es so aus:

Warren Buffett, Times. (290), November 2006:
„Es herrscht Klassenkrieg, richtig, aber es ist meine Klasse, die Klasse der Reichen, die Krieg führt, und wir gewinnen."

Krieg gegen Geist, Seele und Körper, die menschlichen Wurzeln: Nähe, Liebe, Freiheit, Frieden, Stabilität, wirtschaftliche Sicherheit, persönliches Glück? Ist die Neue Normalität eine unvorstellbare Abnormalität kranker Gehirne, ein satanisches Meisterwerk unter Zersetzung sämtlicher übernommenen Werte, Normen und Grundbegriffe? Ein Staatsstreich der Superreichen, der große Raubzug, die Enthauptung der bürgerlichen Souveränität und Nationalstaatlichkeit durch eine Weltregierungsoligarchie? Geführt, wie so oft, mit Angst, Schock, Spaltung, Erpressung, Korruption und der mächtigsten Medien-Gehirnwäsche aller Zeiten?

Der alte Traum aller totalitären Menschheitsbeglücker? Manche scheinen es zu bestätigen. Wie sagte doch Verschwörungspraktiker **D. Rockefeller**:
Alles was wir brauchen ist eine richtig große Krise und die Nationen werden die neue Weltordnung akzeptieren.

Oder ein **James Paul Warburg** (1896-1969), Roosevelt-Berater, am 17. Februar 1950 vor dem U.S. Senate Committee on Foreign Relations:
Wir werden eine Weltregierung haben, ob wir es wollen oder nicht. Die einzige Frage ist, ob die Weltregierung durch Eroberung oder durch die Zustimmung der Menschen erreicht werden wird.

Warum wohl der Spiegel *Weltregierung* in den letzten Jahren häufiger thematisiert?

Stich- und Schlagworte

Wir dürfen uns unsere Werte, Normen und Begriffe nicht nehmen, verfälschen, umdrehen, uns unsere Individualität, Identität und Welt nicht rauben lassen.

Anhand folgender Begriffe mag sich jeder selbst die Fragen beantworten, wo wir heute angekommen sind und ob es sich lohnt, sich die Köpfe mit künstlichen Kampfbegriffen einzuschlagen.

1

Verschwörungs-theorie

Eine peinliche Frage für viele: Sind Sie ein Verschwörungstheoretiker (VT)?

Der Begriff Verschwörungstheorie ist seit dem Kennedymord von der CIA offiziell implantiert als Abwehrwaffe gegen Wahrheitssucher und existiert natürlich nur als Zwillingspaar:
Verschwörungstheorie 1: USA auf dem Mond.
Verschwörungstheorie 2: USA nicht auf dem Mond.

Oder:
Verschwörungstheorie 1: 9/11 war ein US-Inside-Job
Verschwörungstheorie 2: 9/11 war kein US-Inside-Job

Ein Argument, mit dem man sich leicht zur Wehr setzen könnte. Die bessere Frage lautet somit: Von welcher Verschwörungstheorie ist die Rede? Verschwörungen gibt es wie Sand am Meer und es waren unter den Verschwörungstheoretikern nicht die Schlechtesten, sondern zahlreiche Präsidenten, Staatsoberhäupter, Diplomaten, Kirchenfürsten, Dichter, Wissenschaftler. Niemand braucht sich dieser Gesellschaft zu schämen! (Kennedy, Eisenhower, Churchill, Seehofer, Goethe, Dostojewski, ...).

Mark Lombardi (* 23. März 1951 in Syracuse, New York; † 22. März 2000 in Williamsburg, Brooklyn, ebenda):
Globale Verstrickungen von Politik, Wirtschaft und Terrorismus: All das visualisierte der New Yorker Künstler in Bildern. Sein plötzlicher Tod im Jahr 2000 gab Anlass zu Spekulationen, dass er das Opfer einer Verschwörung wurde. ARTE erkundet, wie Lombardis Werke entstanden sind und was sie bewirken.[3] Er wurde vorher vom FBI gewarnt, im viel zitierten *freiesten Land der Welt.*

Die aktuellste Verschwörungspraxis erleben wir vielleicht gerade jetzt und weltweit am eigenen Leibe: eine Art neue Leibeigenschaft in der Neuen Weltordnung?

[3] https://www.arte.tv/de/videos/074113-000-A/mark-lombardi/

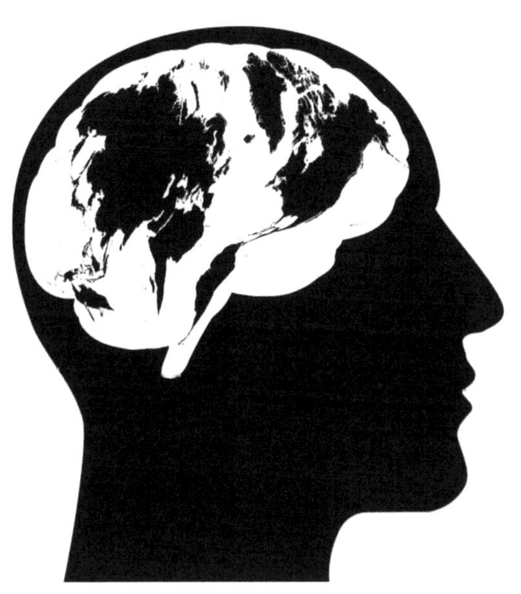

2

Faschismus

Faschismus ist auch ein Abwehr-Kampfbegriff nach dem Motto: *Der Dieb schreit: „Haltet den Dieb".* Faschismus hat keine Farbe oder Richtung, sondern ist ein Herrschaftsprinzip, ein oft klammheimliches Phänomen der Macht weniger über viele und zwar in verschiedenen Gewändern: politisch, wirtschaftlich, finanziell oder klerikal.

Politisch gerne in Führergestalt (Mao, Stalin, Hitler, Mussolini, Franco…), wirtschaftlich als Neoliberalismus (Wirtschaftsfaschismus), finanziell als Geldordnung unserer Oligarchien mit all seinen spekulativen Verwerfungen (Finanzfaschismus: *Geld regiert die Welt*), klerikal zum Beispiel im Papsttum (Religionsfaschismus).

Beispiel: der Vatikan:
Der jesuitische Priester Father Coughlin lobte Mussolinis Italien als *eine christliche Demokratie.*

Civilita Cattolica, das Hausorgan der Jesuiten: *Faschismus ist das Regime, das den Konzepten der Kirche von Rom am meisten entspricht.*

Vom *islamischen Faschismus* spricht übrigens der islamische Intellektuelle Hemed Abdel-Samad.

Professor Bhakdi, aus einer Diktatur (Thailand) kommend und Deutschland stets bewundernd, redet 2020 von einer BRD-Diktatur.

Eine Chinesin sagte schon 2019 auf einem Redefreiheits-Treffen: *Mich erinnert Deutschland heute an Maos Kulturrevolution*[4].

Amartya Sen (aktueller Friedenspreis des Deutschen Buchhandels): *„Wir haben weltweit eine Pandemie der antidemokratischen Strömungen."*

Dr. Wodarg im Interview vorsichtig: *„Wir werden unterdrückt."*

Faschismus hat die üblichen Symptome: Gleichschaltung, Unterdrückung, Ermächtigungsgesetze, keine wirkliche Opposition, kein Meinungsstreit, Bevölkerungsschock, Feindbilder.

---

4 https://www.youtube.com/watch?v=w69Eep9uX-0&t=5496s.

3

Demokratie

Niemand ist schlimmer versklavt als der, der fälschlicherweise glaubt, in einer Demokratie zu leben (soll Dichterfürst und Hochgrad-Freimaurer Goethe gesagt haben). Selbst der große BI-Minister Seehofer raunte: *Diejenigen, die gewählt sind, haben nichts zu sagen. Und die was zu sagen haben, sind nicht gewählt.*

James Madison (1807-1819 US-Präsident):
Eine Verfassung, eine Regierung hat die Aufgabe, die Minorität der Besitzenden gegen die Majorität zu beschützen. Das ist die zentrale Aufgabe einer Verfassung …

Schon BRD-Kanzler der großen Koalition, Kurt Georg Kiesinger, platzte heraus: *Wir sind doch faktisch ein Protektorat der USA*. Vertraglich zementiert im Geheimvertrag bis 2099. Von zahllosen Diplomaten bestätigt, was sowieso jeder weiß und bei klarem Verstand sehen muss.

Professor Hans Werner Sinn:
In Wahrheit werden die Entscheidungen der Politik wesentlich von Industrie-Lobbys getrieben.[5]

Zum Beispiel standen die Bertelsmann-Stiftung beziehungsweise der ERT (European Round Table: Runde der 50

---

[5] (Hans Werner Sinn: unbequeme Wahrheit, https://www. youtube.com/watch?v=di9BhavZ0jg)

europäischen Industrie-Führer) für die Sozialreformen (Agenda 2010), Bildungsreformen (Bologna Prozess, Pisa), Gesundheitsreformen... Politiker nennt man gerne Politik-Darsteller oder *hochbezahlte Butler der Industrie.*

Jurist Sebastian Haffner:
Nominell leben wir in einer Demokratie. Das heißt: Das Volk regiert sich selbst. Tatsächlich hat, wie jeder weiß, das Volk nicht den geringsten Einfluss auf die Regierung, weder in der großen Politik noch auch nur in solchen administrativen Alltagsfragen wie Mehrwertsteuer- und Fahrpreiserhöhungen (...). Das entmachtete Volk hat seine Entmachtung nicht nur hingenommen – es hat sie geradezu liebgewonnen."

Und für den empirischen Beleg eine Studie aus den USA (Gilens, M & Page, B. J. 2014): *„70% der Bevölkerung – nämlich die unteren 70% auf der Einkommens- und Besitzskala – haben überhaupt keinen Einfluss auf politische Entscheidungen."* (Hinweis: Professor Armin Schäfer von der Universität Osnabrück hat diesen Zusammenhang auch für Deutschland nachgewiesen; siehe Homepage der Kooperationsstelle).

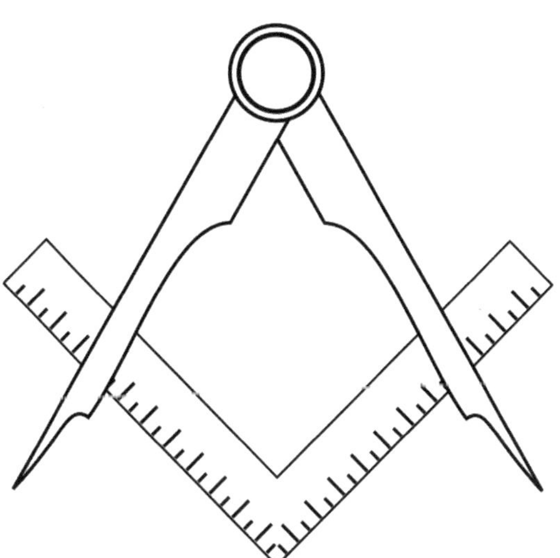

4

Deutsche Singularität

Die NATO wurde geschaffen, um die Russen *draußen, die Amerikaner drinnen und die Deutschen unten zu halten."*
Lord Hastings

Deutschland ist kein souveränes, demokratisches Land, sondern ein zwangsbesetzter, perfekt überwachter und an der kurzen Leine geführter US-Vasall, durchamerikanisiert und dauer-schuldbeladen unter dem quasireligiösen Holocaust-Dogma, unterfüttert vom eingeredeten Allein-Schuldkomplex von zwei Weltkriegen, eingehegt durch die Europäische Union und Nato-Imperialismus und dank verordneter ethnischer Verdünnung seit 2015 mit päpstlichem Segen zur Selbstauflösung bestimmt. In seiner Absurdität als Selbstmordprogramm, ethnisch, ökonomisch und kulturell: eine historische Singularität. Ein Land, bildungspolitisch inzwischen auf US-Niveau, finanziell-ökonomisch auf Augenhöhe mit der organisierten Kriminalität – im Gegensatz zu dieser nicht steigend, sondern im freien Fall, wahngetrieben (Terrorwahn, Seuchenwahn, Klimawahn…), medial sediert und manipuliert dahinsiechend (Kohl: *Wir regieren das Volk mit der Bildzeitung und der Glotze*), befreit von immer mehr geistigen und praktischen Freiheiten in kleinen, schnellen Gleichschaltungs-Schritten in eine Huxley-Orwellsche Einheits-Weltregierung marschierend.

5

Geldsystem

Paul Schreyer:
„Wirklich souverän ist in der Gesellschaft nur der Schöpfer des Geldes" (aus dem Buch von Paul Schreyer „Wer regiert das Geld? Banken, Demokratie und Täuschung").

Wer Geist- und Meinungsherrschaft sowie das Geldsystem steuert, beherrscht die Welt. Verstünde man Geld- und Wirtschaftsordnung und ihre beherrschende Rolle, hätte man eine Chance …

Ein zinsbasiertes, krebsartiges, Dauerwachstum-erzwingendes, Blasen-bildendes, von Arm nach Reich fließendes, ungedecktes, von der Realität abgekoppeltes und dank seiner gesetzlich besonders geschützten Spekulationsfunktion eigentlich verfassungswidriges (Verfassungsrechtler Dieter Suhr), von Schulden, Krisen, Epidemien, und Kriegen profitierendes, Menschen in viele Arme und wenige Reiche spaltendes, nicht von den bürgenden Bürgern kontrolliertes, von einer Geldaristokratie gesteuertes, versklavendes Kreditschuld-Geldsystem – von Kritikern *Finanzterrorismus* genannt. Der alte Albtraum der darbenden Zinssklaven: Ein teuflisches System, die eigentliche Macht (*Geld regiert die Welt*) und das Herz des Faschismus.

Abraham Lincoln (* 1809, † 1865), 16. Präsident der USA 1861-1865, Republikaner):
Der Terrorismus der heutigen Welt ist der Terrorismus des Geldes.

J. C. Stamp, Direktor der Bank von England:
Bankern gehört die Welt… Wenn ihr Sklaven von Bankern sein wollt und die Kosten der eigenen Versklavung tragen wollt, dann lasst Banker Geld und Kredit kontrollieren.

6

Neo-
liberalismus

Kritiker sprechen von Wirtschaftskannibalismus oder Wirtschaftsfaschismus. Sicher ist Neoliberalismus, der Konkurrenz nicht fördert sondern vernichtet, nicht mit Demokratie vereinbar. Wie beim Geldsystem wurden auch beim Wirtschaftssystem die Menschen nicht befragt.

Wem gehört noch die Republik?
Monopolen, Oligopolen, Kartellen, Konsortien, Konzerngiganten irgendwo auf der Welt?

Die Welt ist nicht besser geworden, nur unsichtbar pervertierter, raffinierter, ökonomischer, produktiver mit immer kürzeren Innovationszyklen: Alles muss sich rechnen: Bildung, Krieg und Frieden, Krankenhaus und Pflegeheim, Müll und Tod. Es geht nicht um fairen Markt und irgendein *Know How*, sondern um Herrschaftswissen, Marktbeherrschung, Konkurrenzbeseitigung, Weltmarktführung – das alte Führerprinzip!

Immer mehr privatisiert, liberalisiert, dereguliert, ökonomisiert und markt-, effizienz-, profit- und wachstumsorientiert. Alles Markt, alles Ware, handelbar und dank **Digitalisierung** noch perfekter kontrollierbar und manipulierbar: Produkte, Währungen, Märkte, Volkswirtschaften, Bilanzen, Börsen, Zinsen, Statistiken, Studien, Urkunden, Bildung, Bilder…

Die Welt-Feudalherren sitzen heute in Konzern- und Kreditpalästen, vereinnahmen als Sicherheiten Ländereien oder Ressourcen oder lassen Unwetter, Erdbeben, Hungersnöte, Aufstände, Flüchtlingswellen oder die nackte Dekadenz (das *kreative Chaos* nach L. Strauß) über das widerspenstige, unbeugsame Land hereinbrechen. Wirkliche (basisdemokratische) Demokratien gibt es nach wie vor nicht und die Methoden der Völkerbeherrschung sind immer noch dieselben: Angst und Spaltung, Korruption und Erpressung. Gewinner: die Großen, die Aktionäre. Verlierer: die Schuldner, Dritte-Welt-Länder, die Kleinen, Mittelstand, Staat, Mensch, Tier, Natur.

<u>Menschenbild</u> – *homo-oeconomicus*: Eine transformierte, Kompetenz-Figur, eine Art umgekehrter Krüppel nach Nietzsche.

Aufklärungsbuch über Neoliberalismus:
John Perkins „Bekenntnisse eines Economic Hit Man – unterwegs im Dienst der Wirtzschaftsmafia"

7

Globalisierung

Gleichschaltung aller Länder der Erde?

Nach H. Kissinger:
Globalisierung ist ein anderes Wort für US-Vorherrschaft.

Nach T. Barnett:
Der ungehinderte Strom von: Einwanderern, Erdöl, Erdgas, Krediten, Investitionen, Amerikanischer Sicherheitskräfte... für die Finanzelite.

Leo Strauß: Das kreative Chaos:
Laut Michael Morris: *„Das Prinzip lautet: Würfle alle Völker, Ethnien, Religionen und Kulturen durcheinander, zerstöre alle gemeinschaftlichen Strukturen, wenn nötig auch mit Gewalt, so lange bis am Ende keiner mehr weiß, wo er herkommt, wer er ist und wo er hingehört. Zwing die Menschen in die Knie, dann werden sie allem zustimmen, was Du von ihnen verlangst.*

8

Rassismus

Normal in der Tier- und Pflanzenzucht, jedoch politisch ein Minenfeld, eine Allzweck-Waffe im politischen Machtkampf. Der Rassismus der nationalen Sozialisten: Ein Beispiel unter vielen wie folgende Zitate zeigen:

Oberrabbiner Rabinowitsch, 1952:
Das Ziel, das wir während der 3.000 Jahre mit so viel Ausdauer anstreben, ist endlich in unsere Reichweite gerückt und weil seine Erfüllung so nahe ist, haben wir unsere Anstrengungen und Vorsichtsmaßnahmen zu verzehnfachen. Ich kann euch versichern, dass unsere Rasse ihren berechtigten Platz in der Welt einnehmen wird. Jeder Jude ein König [S.285], jeder Christ ein Sklave. Wir weckten antideutsche Gefühle in Amerika, welche im Zweiten Weltkrieg gipfelten. Unser Endziel ist die Entfachung des Dritten Weltkriegs. Dieser Krieg wird unseren Kampf gegen die Gojim (Nichtjuden) für alle Zeiten beenden. Dann wird unsere Rasse unangefochten die Erde beherrschen.

Chabad-Rabbi Zalman:
Die Seelen der Gojim sind von ganz anderer, minderer Art. Alle Juden sind von Natur aus gut, alle Gojim von Natur aus böse. Die Juden sind die Krone der Schöpfung, die Gojim ihr Abschaum und alle Nichtjuden sind gänzlich satanistische Kreaturen, in denen absolut nichts Gutes existiert.

Eine moderne Version ist der Mischrassen-Rassismus eines Coudenhove-Kalergi:

1925 schrieb **Graf Coudenhove-Kalergi** (1894-1972), Freimaurer und Gründer der „Paneuropa"-Bewegung, in seinem Buch „Praktischer Idealismus":

Der Mensch der fernen Zukunft wird Mischling sein. Die heutigen Rassen und Kasten werden der zunehmenden Überwindung von Raum, Zeit und Vorurteil zum Opfer fallen. Die eurasisch-negroide Zukunftsrasse, äußerlich der altägyptischen ähnlich, wird die Vielfalt der Völker durch eine Vielfalt der Persönlichkeiten ersetzen. Denn nach den Vererbungsgesetzen wächst mit der Verschiedenheit der Vorfahren die Verschiedenheit, mit der Einförmigkeit der Vorfahren die Einförmigkeit der Nachkommen."

Nachgeplappert von: **Nicolas Sarkozy** als französischer Präsident:
Was also ist das Ziel? (...) Das Ziel ist, sich der Herausforderung der ***Rassenvermischung*** *zu stellen. Die Herausforderung der Vermischung, die uns im 21. Jahrhundert gegenübersteht. Es ist keine Wahl, es ist eine Verpflichtung.* ***Es ist zwingend!*** *Wir können nicht anders, wir riskieren sonst, mit sehr großen Problemen konfrontiert zu werden. Deswegen müssen wir uns ändern, und wir werden uns ändern. Wir werden uns alle zur selben Zeit verändern in Unternehmen, in Verwaltungen, in Bildung, in politischen Parteien. Und*

wir werden uns zu diesem Ziel verpflichten. Wenn dies von der Republik [also vom Volk, Anmerkung des Verfassers] *nicht freiwillig getan wird, dann wird der Staat Zwangsmaßnahmen anwenden."*

Frans Timmermans als stellvertretender Kommissionspräsident:
Die Zukunft der Menschheit, so Timmermans, beruhe nicht länger auf einzelnen Nationen und Kulturen, sondern auf einer vermischten Superkultur. Die heutigen Konservativen, die ihre eigenen Traditionen wertschätzen und eine friedliche Zukunft für ihre eigenen Gemeinschaften wollen, berufen sich laut Timmermans auf eine „Vergangenheit, die nie existiert hat" und können deshalb nicht die Zukunft diktieren.

9

Anti-semitismus

Es ist eine Reflexreaktion auf Kritik israelischer Politik. Falschwort, müsste Anti-Judaismus heißen, schließlich sind Araber und Palästinenser selbst Semiten und harte Widersacher manch israelischer Politik.

Oft mit dem weltweit verbreiteten Anti-Zionismus verwechselt, beliebt als Feindbild, ohne das keine Diktatur möglich erscheint. Israelkritik und Anti-Zionismus ist auch unter gebürtigen Juden nicht selten:

Evelyn Hecht-Galinski: *Das elfte Gebot: Israel darf alles.*
Slomo Sand: *Die Erfindung des Landes Israel.*
Benjamin Freedman: *Rede von 1961.*
Gerard Menuhin: *Gespräch über deutsche Neurosen.*[6]
Professor N. Chomsky: *USA und Israel sind die größten Terrorstaaten.*

[6] https://www.youtube.com/watch?v=-ifmwsroEVY.

10

Terrorismus

Alle Völker erleben Terror wie ihr tägliches Brot: Armut und Krieg als Folge eines skrupellosen, betrügerischen, alles dominierenden Finanz- und Wirtschaftssystems nebst zahlloser menschenunwürdiger Einzelmaßnahmen. Von den Regierungsmaßnahmen unter sogenannten Corona-Bedingungen ganz zu schweigen.

Helmut Schmidt, ehemaliger Bundeskanzler: *RAF und rote Brigaden gleichen sich, aber das Schlimmste ist der Staatsterrorismus* (im Interview mit Lorenzo).

Deutlicher wurde sein SPD-Parteikollege Scheerer:
Der Feind ist innen, heute mehr denn je… (Im Zusammenhang mit den Nato-Geheimarmeen.

11

Medizin heute

Durch-ökonomisiert, pharma-dominiert, wissenschafts-fremd, lebt von der lebenslangen Krankheit (wie das deutsche Ärzteblatt 2016 berichtete) und dem zunehmenden Verzicht auf Evidenz, Validität, Kochsche Postulate, placebo-kontrollierte Doppelblindstudien, offene Wissenschafts-Streitgespräche.

In der Pandemie-Diskussion beispielsweise dominiert nicht die Wissenschaftselite die Maßnahmen, sondern ein erlesener Politzirkel im Widerspruch zu jeder demokratischen und offenen Gesellschaft. Typisch heute ist zum Beispiel der Drosten-PCR-Test: nicht valide, diagnosefähig … aber schnell durchgewunken und weltweit vermarktet. Ähnlich ist es bei den neuen Impfstoffen: hochriskant, ungetestet in Tierversuchen, blitzschnell auf dem Markt (der Gott der Neuzeit) außerhalb der üblichen Sicherheits- und Zulassungsregularien. Die Neue Medizin-Normalität?

Professor Stephen Hockertz warnt vor millionenfach vorsätzlicher Körperverletzung im Zusammenhang mit der geplanten gen-basierten Impfung von sechs Milliarden Menschen nach dem Plan von Impfprediger und Impf-Profiteur B. Gates. Soll hier ein NS-Arzt Mengele noch überboten werden durch einen Impf-Genozid des 21. Jahrhunderts? Ist der Weg des Milliardärs nicht schon genug mit Impf-Opfern gepflastert?

Übrigens: Ist Herr Drosten Professor, also habilitiert und promoviert, oder nichts davon? Oder sind Namen und Worte nur Schall und Rauch heute, wo es schon egal ist, woran man gestorben ist, solange man Drosten-getestet und damit ein Corona-Toter ist?

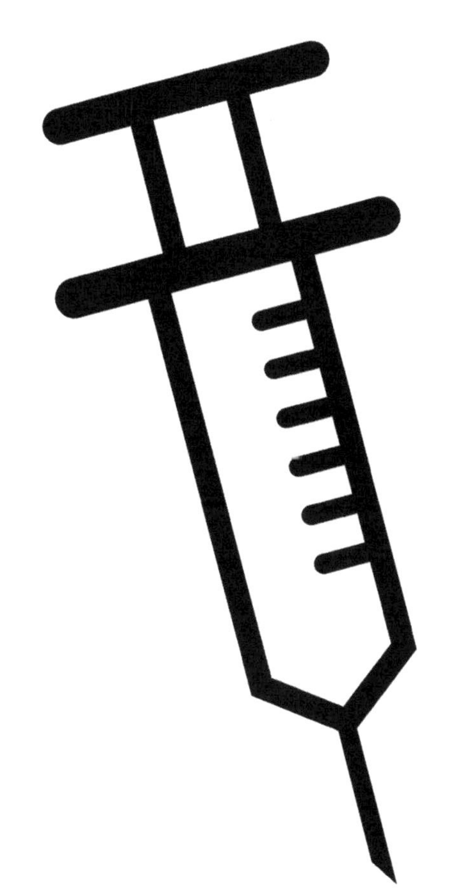

12

Sippenhaft

Nein, Herr R. von Weizsäcker, es waren nicht die Deutschen, es waren Auserwählte und Willfährige wie Ihr Vater, SS-General und Außenstaatssekretär für die Judendeportation. Die Deutschen, die Amerikaner, die Türken, die Juden… wer auch immer, werden nur immer missbraucht als Schuldige für die relativ wenigen Haupt-Schuldigen! Eine alte, raffinierte Projektion. Völker sind nicht böse oder böswillig, sondern meist gut manipuliert und wie Kinder missbraucht für ungute Zwecke. Völker führen auch keine Kriege. Allenfalls ihre Führer. Wie schon der Name richtig sagt.

Hitler: *Wie gut für die Regierenden, dass die Menschen nicht denken können.*

Ich unterstelle: Auch Soldaten sind keine Mörder, haben nicht für Hitler gekämpft, sondern für ihr Land. Wie überall. Mörder und Komplizen sitzen vorrangig an Schreibtischen und kommen überwiegend aus intellektuellem Milieu, wie die Akten unter Hakenkreuz und Hammer und Zirkel lehren.

Schlusswort

Mehrere prominente Bischöfe, Mediziner und Juristen aus aller Welt hatten sich schon früh in einem dramatischen, in sieben Sprachen veröffentlichten Appell an die Öffentlichkeit gewandt, sahen Covid-19 als eher unbedeutend und als Vorwand für extreme Freiheitseinschränkungen und Überwachungsmaßnahmen. Gefolgt von kritischen Ärzten, Juristen, Polizisten, Eltern... für Aufklärung!

Inzwischen dürften es derer Millionen sein, misst man sie an den allgegenwärtigen Demonstrationen für Frieden, Freiheit und Selbstbestimmung als lebendiger Ausdruck freiheitsdurstiger und nach echter Demokratie hungernder Völker. Solche, die kein Interesse an einer Neuen Normalität und Begriffswelt haben, die Familie, Staat, Individualität und Kulturverbundenheit als ihre Wurzeln ebenso verteidigen wie ihre verbrieften Grundrechte.

Michael Ballweg mit seiner Querdenken 711-Freiheitsbewegung hat dazu den wirksamsten Anstoß gegeben, den schlimmsten Faschismus der Geschichte zu verhindern und das Schicksal in die eigenen Hände zu legen.

Der Faschismus ist nie wirklich untergegangen, ebenso wenig wie seine rotlackierte Form. Er wurde nicht gründlich aufgearbeitet, es wurden nicht mal die letztlich Verantwortlichen vor Gericht gestellt: die, die unsere Amokläufer der Geschichte finanziert und mit allen Waffengattungen ausgestattet haben. Es ist auch wieder nur eine Binsenweisheit, dass hinter jedem Faschismus das Finanzkapital steckt.

Aufklärungsbücher:

Antony C. Sutton:
„Wallstreet und die bolschewistische Revolution"
„Wallstreet und der Aufstieg Hitlers"

Guido Giacomo Preparata:
„Wer Hitler mächtig machte – wie britisch-amerikanische Finanzeliten dem Dritten Reich den Weg bereiten"